Marche vers la Paix

PAR

H. FOLLIN

Président de la Société havraise pour l'Arbitrage entre Nations
Membre de la Délégation permanente des Sociétés Françaises de la Paix

PRIX : 30 centimes

PARIS

V. GIARD & E. BRIÈRE

16, Rue Soufflot et Rue Toullier, 12

1908

La Marche
vers la Paix

La Marche vers la Paix

PAR

H. FOLLIN

Président de la Société havraise pour l'Arbitrage entre Nations
Membre de la Délégation permanente des Sociétés Françaises de la Paix

—

PRIX : 30 centimes

—

PARIS

V. GIARD & E. BRIÈRE

16, Rue Soufflot et Rue Toullier, 12

—

1903

SOMMAIRE

La Marche vers la Paix

I

Introduction

La question pacifique est une question dont les aspects sont excessivement multiples.

Pour aborder tous les problèmes qu'elle soulève, je ne dis même pas pour l'épuiser, ce n'est pas une brochure, mais un volume qu'il faudrait, et même ne serait-on pas bien sûr encore d'en avoir examiné tous les aspects.

On peut envisager la question au point de vue purement humanitaire, au point de vue économique, au point de vue juridique, au point de vue historique. On peut décrire ce que la guerre fait des hommes, exposer ce qu'elle coûte aux nations ; on peut étudier les différents moyens de résoudre la question pacifique, examiner ce qui a été fait par les amis de la Paix pour hâter cette solution, supputer les progrès réalisés dans cette voie ; on peut démontrer qu'aucune autre solution n'est possible et que l'humanité doit fatalement renoncer à la guerre ; on peut réfuter les objections de toute nature faites à la propagande pacifique ; on peut envisager les rapports de cette propagande avec les grandes idées morales et civiques, avec le sentiment patriotique. Je le répète, chacun de ces points de vue exigerait à lui seul une ou plusieurs études ; dans le grand parti pacifique, des hommes de dévouement et de talent s'attachent particulièrement, chacun selon son tempérament et sa tournure d'esprit, à mettre en valeur l'un ou l'autre de ces points de vue ; ils les abordent séparément et successivement dans les conférences et publications qu'ils répandent aux quatre coins de la France, fortifiant ainsi les progrès de la cause dans l'opinion en multipliant les points par où ils peuvent y avoir accès. Ce n'est pas ce qu'il s'agit de faire ici. Mon intention est de faire passer sous les yeux, ou plutôt devant l'esprit des lecteurs, l'ensemble des aspects de la question. Je voudrais m'efforcer d'exposer, aussi brièvement et aussi clairement que possible, ce qu'est cette *Marche vers la Paix*, ce qu'est cette propagande pacifique, sur quoi elle se fonde, ce qu'elle espère, ce qu'elle demande, et dans quelle mesure, par conséquent, elle est en droit de réclamer et d'attendre le concours de tous les bons citoyens.

II

La guerre. — L'opinion des penseurs. — Persistance de l'état belliqueux. — Raisons de cette persistance. — Futilité de ces raisons. — Véritable aspect de la gloire militaire

Ce n'est pas d'aujourd'hui, ni même d'hier, ni même de quelque siècles que date la condamnation de la guerre par les penseurs et par les hommes généreux. Sans parler des fondateurs des religions, sans parler des Bouddha, des Confucius, sans parler de celui qu'une grande partie de nos concitoyens révèrent comme le fils d'un Dieu et qui a dit : « Celui qui se sert de l'épée périra par l'épée », ce sont des philosophes de l'antiquité qui écrivaient des lignes comme celles-ci :

« On punit les meurtres que les particuliers commettent. Et que dira-t-on des guerres, et de ces massacres que nous appelons glorieux, parce qu'ils détruisent des nations entières ? L'amour des conquêtes est une folie : les conquérants sont des fléaux plus funestes à l'humanité que les déluges et les tremblements de terre. Alexandre, brigand, dès l'enfance, destructeur des nations, estimait comme souverain bien d'être la terreur des hommes. » (SÉNÈQUE)

Et encore : « C'est donc là votre chemin vers l'immortalité ! Détruire les cités, dévaster les territoires, exterminer les peuples libres ou les asservir. Plus ils ont ruiné, pillé, tué d'hommes, plus ils se croient nobles et illustres ; ils parent leurs crimes du nom de vertu. Celui qui donne la mort à une seule personne est flétri comme un criminel... Mais massacrez des millions d'hommes, inondez la terre de sang, infectez les fleuves de cadavres, on vous donne une place dans l'Olympe. » (LACTANCE)

Voilà ce qu'on écrivait il y a déjà vingt siècles ; et c'est par volumes entiers qu'on pourrait retrouver dans le cours des temps, qu'on pourrait citer aujourd'hui, sans rien leur enlever de leur puissance d'émotion, les éloquents anathèmes qui ont été lancés contre la guerre, les cris d'horreur, de douleur et d'indignation qui ont été jetés devant ses spectacles de sang et de mort, les flétrissures indélébiles qui ont été marquées au front des conquérants par les penseurs, les écrivains et les orateurs les plus éloignés les uns des autres par les idées, et parmi lesquels on peut citer, au hasard, pour ne parler que des Français, les Montaigne, les La Bruyère, les Pascal, les Bossuet, les Fénelon, les Voltaire, les Victor Hugo, les Lamartine, les Pasteur, et tant d'autres.

Et cependant, tandis que les guerres étaient ainsi stigmatisées par ceux de ses enfants dont l'humanité s'honore le plus, les guerres continuaient à éclater périodiquement. Et à l'heure actuelle encore, si les conflits armés se produisent à des intervalles moins fréquents que par le passé, ce n'en est pas moins le principe de la guerre qui semble toujours diriger le monde, puisque les nations n'ont pas cessé de se surveiller d'un œil jaloux et méfiant, et puisque le meilleur de la vitalité des peuples s'épuise en efforts pour maintenir leur puissance destructive à un degré toujours plus élevé.

Pourquoi donc a-t-il pu en être ainsi ? Pourquoi cette contradiction entre le cri de la conscience humaine, s'exprimant par la voix de ses plus illustres représentants, et les actes des sociétés humaines ?

Il faut bien le dire, et le dire sans acrimonie, car on ne doit rendre aucun homme personnellement responsable de ce que le font les circonstances de son temps et de son milieu, car les hommes ont été dans tous les temps et seront toujours enclins à l'égoïsme, car seuls les progrès de la civilisation peuvent atténuer les conséquences de l'égoïsme en accroissant la solidarité des intérêts dont la conscience se manifeste par la morale publique, il faut bien le dire cependant : si la guerre a survécu aux anathèmes des penseurs, c'est que tous les hommes ne souffraient pas de la guerre à un degré égal ; c'est que tous n'avaient pas le même intérêt à sa disparition ; c'est qu'un certain nombre, au contraire, y trouvaient la source d'avantages de toutes sortes, et que l'industrie guerrière, si elle faisait des uns de la chair à canon et à misère, donnait aux autres, avec une carrière pour leur activité et leur intelligence, la richesse, la puissance et le prestige.

Et par une habileté suprême, habileté peut-être inconsciente et sincère d'ailleurs, tellement l'homme est porté à se persuader que ce qui est juste est ce qui sert ses intérêts, par une habileté suprême — non seulement les gens qui avaient intérêt à la guerre se donnaient toujours de bonnes raisons ou plutôt de bons prétextes, dont le meilleur et le plus légitime était d'ailleurs qu'ils risquaient eux-mêmes souvent leur vie, pour calmer leur remords et supporter allègrement la responsabilité des massacres dont ils étaient les organisateurs — mais encore ils trouvèrent le moyen de faire aimer et admirer les guerres par ceux qui en étaient les victimes, de la leur faire considérer comme légitime, comme noble et nécessaire.

Et ce n'était pas très difficile, d'ailleurs. Nous avons eu pour ancêtres des barbares et des sauvages. Il est resté pendant des siècles et il reste encore au fond du cœur des hommes quelques vestiges de leur férocité, de leur besoin de destruction; nous en retrouvons la trace chez nos enfants, dont le développement individuel représente en petit le développement de l'humanité. Il n'est pas impossible, nous en voyons le triste exemple à l'intérieur même des nations, lorsque les passions religieuses et politiques sont trop violemment surexcitées, de les réveiller chez les hommes faits. A la faveur de cet instinct, n'est-il pas facile, avec quelques excitations, de transformer en ennemis, en êtres malfaisants et dangereux, des hommes pareils à nous, animés de nos désirs, de nos passions, de nos sentiments, se réjouissant des mêmes joies et souffrant et pleurant des mêmes peines, mais ayant ce tort de ne pas toujours parler la même langue, d'habiter au-delà de quelque montagne, de quelque fleuve ou simplement de quelque poteau, de ne pas être régis par le même Code et soumis au même gouvernement ?

Il y a eu une autre raison qui a rendu la guerre populaire ou plutôt qui a rendu populaires les choses de la guerre : c'est le penchant naturel de l'homme pour ce qui brille, pour ce qui rompt la monotonie et l'uniformité de l'existence. Lorsque l'on voit défiler le régiment, musique en tête, les officiers martialement campés sur leurs chevaux fringants, les uniformes aux couleurs voyantes, les képis et les épaulettes ruisselant d'or, les armes étincelant au soleil, les vaillants petits soldats supportant allègrement le poids du sac et les fatigues de la marche, *le drapeau*, symbole justement respecté du dévouement au devoir, est-ce que le cœur ne se gonfle pas d'un sympathique enthousiasme pour la vaillance militaire ? Mais est-ce que la carrière militaire, est-ce que les champs de bataille sont la seule école du courage et du devoir ? Est-ce qu'il y a besoin de revues, de panaches, de cliquetis de sabres et de baïonnettes pour faire le dévouement de ces pompiers, de ces agents de police, de ces médecins et de ces infirmiers, de ces marins qui, au feu, à la recherche des malfaiteurs,

au chevet des malades contagieux, à la mer,
sont appelés à risquer tous les jours leur
vie ? Est-ce que tous ces obscurs serviteurs
du devoir professionnel et tant d'autres ne
suffisent pas largement pour entretenir la
tradition de l'esprit de sacrifice ?

Et ce que l'on oublie, surtout, c'est que
ce serait une étrange manière de servir la
patrie, que d'envoyer à la boucherie ses
plus robustes enfants, tous ces brillants
officiers et tous ces infatigables soldats. Ah !
si l'on pouvait, chaque fois que passe le
régiment, si l'on pouvait évoquer l'image
de ce que serait devenu, le soir d'une bataille, ce joyeux et martial défilé ; si l'on
pouvait faire succéder subitement aux fan-
fares des cuivres et au bruit cadencé de la
marche, le glacial silence de la mort ; si
l'on songeait aux brillantes couleurs des
uniformes ternies par la poudre, par la boue
et par le sang, aux bataillons d'alertes et
vigoureux jeunes gens devenus des amon-
cellements de cadavres et d'agonisants, des
amas informes de membres déchirés, de
têtes sanglantes et grimaçantes, de poitrines
défoncées, d'entrailles pantelantes, alors

ce n'est plus d'un sentiment d'allégresse et d'enthousiasme que l'on serait saisi en voyant passer le régiment, c'est d'un sentiment d'horreur pour les sacrifices imposés par la guerre, c'est d'un ardent désir d'éloigner ce calice s'il n'est pas rendu indispensable par une véritable menace à l'indépendance de la Patrie ; c'est d'une volonté inébranlable de travailler à l'avènement d'une ère où de telles abominations ne seraient plus que le douloureux souvenir d'un passé lointain.

III

Progrès de la conscience humaine. — Condamnation presque unanime de la guerre

Tels sont les sentiments et les idées que, il y a quelques années à peine, la propagande pacifique consistait presque exclusivement à répandre et à développer.

Depuis lors, nous avons fait un chemin considérable. Nous n'avons pour ainsi dire plus besoin de stigmatiser la guerre. Certes nous ne devons pas cesser complètement de rappeler ses sanglantes et douloureuses réalités ; il n'y a que trop de consciences pour se laisser engourdir par l'oubli de ces réalités ; et tant qu'il se trouvera encore des hommes, de moins en moins nombreux fort heureusement, pour railler agréablement ce qu'ils appellent notre « sentimentalisme puéril », forcé nous sera bien de remuer les hontes et les atrocités de la guerre jusqu'à ce que les inconscients qui osent traiter légèrement de pareils sujets se soient sentis éclaboussés par le sang de leurs semblables ! Mais pour l'immense majorité de l'opinion publique, la guerre est condamnée. A la Chambre des Députés, récemment, lors d'un grand débat sur la politique extérieure, tous les orateurs, quels qu'ils soient, quelques divergences capitales qui se soient manifestées à d'autres égards dans les opinions soutenues par eux, tous les orateurs et, ironie, le ministre de la Guerre lui-même, tous ont déclaré que la disparition de la guerre est une chose désirable. Personne n'ose plus défendre la guerre en principe ; personne n'ose plus lui chercher de mauvais prétextes ; personne n'ose plus défendre la théorie atroce et honteuse de la saignée nécessaire ; personne n'ose plus soutenir la thèse stupide de l'utilité économique de la guerre, c'est-à-dire de l'utilité d'une institution qui consiste à faire nourrir et entretenir une partie de l'humanité par l'autre, pour apprendre à la première à détruire les fruits du travail de la seconde. C'est à peine si l'on se hasarde encore à dire que la guerre ayant toujours existé, existera toujours, et à contester qu'elle puisse aller rejoindre dans le monde du passé tant d'autres choses qui, elles aussi, semblaient devoir toujours exister et qui cependant ont disparu, comme la torture ou l'esclavage.

Ce sont là des signes des temps qu'il faut noter avec joie. Ce sont des signes que les progrès de la science, de l'industrie, du commerce, que la révolution apportée dans les relations internationales par les inventions nouvelles, par la multiplicité des échanges et des liens d'amitié entre les hommes de nationalités différentes, ont fait du monde moderne quelque chose de nouveau. C'est un si minorité des individus qui ont plus à gagner qu'à perdre à la guerre est de plus en plus submergée par la majorité immense de ceux qui ont tout à y perdre et rien à y gagner, et qui devient de plus en plus consciente de ses besoins et de son droit à la Paix.

La Vérité est en marche, et elle a fait depuis quelques années des pas de géant. Avant-hier les Pacifiques étaient considérés, par la majorité des feuilles publiques, presque comme des fous dangereux ; hier, ce n'étaient plus que de doux et inoffensifs rêveurs ; aujourd'hui, on les nomme couramment des *précurseurs*.

IV

La guerre condamnée, nécessité de travailler à sa disparition. — La force d'inertie ne cédera que devant une propagande incessante. — Le mouvement pacifique

Mais si c'est déjà un progrès considérable que d'avoir vaincu la guerre en théorie, que d'avoir imposé au monde la conception que l'Idéal est dans la Paix, que de lui avoir ouvert l'espoir d'un Avenir qui verra la réalisation définitive de cet idéal, cela ne suffit pas.

Il nous faut encore, la guerre étant reconnue pour un mal, faire que ce mal ne puisse éclater; la Paix étant reconnue pour un Idéal, faire que cet Idéal soit poursuivi sans relâche ; l'Idéal pacifique étant reconnu pour la réalité de l'Avenir, faire que cet Avenir ne se perde pas dans des brumes trop lointaines, et si nous ne devons pas en jouir nous-mêmes, avoir au moins l'ambition de le préparer à nos enfants ou à nos petits-enfants.

C'est ici que la tâche devient plus difficile. La grande supériorité matérielle qu'ont sur les choses bonnes de l'avenir les choses mauvaises du passé, c'est qu'elles existent. Le grand obstacle aux progrès de toute sorte, ce ne sont pas les hostilités de la lutte, c'est la force d'inertie de la tradition et de la routine.

C'est pourquoi la propagande pacifique doit être incessante et inlassable. Elle l'est. Et nous avons la joie, depuis quelque temps, de voir se multiplier, avec cette rapidité croissante qui indique la puissance de plus en plus irrésistible de la force acquise : et le nombre des groupements dévoués exclusivement à la Paix, et le nombre des adhésions venant d'autres groupements, et le nombre des manifestations pacifiques, et leur influence.

Je voudrais donner une idée de l'état actuel du mouvement pacifique et de sa progression. Et qu'on m'entende bien ; il ne s'agit pas d'un mouvement limité aux étroites frontières de notre pays ; il s'agit d'un mouvement européen, mondial. Il ne faut pas voir, en effet, dans ce mouvement, comme certains feignent de le croire, un de ces élans de générosité et d'humanitarisme dont la France aime à donner l'exemple et dont on dit qu'elle est la dupe et la victime. Certes, en cette matière comme en d'autres, la France prend sa large part d'influence morale et d'action sur les idées ; mais elle n'est pas seule. Ce n'est pas même de chez elle qu'est parti le mouvement, car les premières Sociétés pacifiques se sont fondées, au commencement du XIXe siècle, en Angleterre et aux États-Unis. Et puisque nous parlons de l'Angleterre, nous pouvons bien dire que cette nation a offert, au moment de la guerre du Transvaal, un spectacle que nous n'aurions peut-être pas pu voir chez nous, le spectacle de citoyens pouvant dire toute leur pensée sur ce qu'ils considéraient comme une sanglante erreur de leur patrie, et osant s'exposer publiquement aux colères les plus terribles, celles du chauvinisme surexcité.

V

Organes du mouvement pacifique. — Organes officiels. — Organes privés. — Organes internationaux et nationaux. — Leur importance numérique

Quels sont donc les organes du Mouvement Pacifique ?

A tout seigneur tout honneur. Il existe d'abord une association internationale dont le caractère présente une importance considérable. C'est la Conférence interparlementaire de la Paix. Cette conférence est entièrement composée de membres appartenant ou ayant appartenu aux divers Parlements de l'Europe. L'action qu'elle exerce est des plus discrètes, comme il convient à des hommes mêlés directement à l'activité politique de leurs pays respectifs, qui ont la responsabilité de la conduite des affaires publiques, et dont le rôle, dans l'état actuel des idées, est encore considéré comme consistant moins à précéder l'opinion publique qu'à lui tâter le pouls et à la suivre. Mais que cette sorte de Parlement international, composé de plus de 1,800 membres, tous législateurs, tous maîtres dans quelque mesure des destinées de leur pays, ait pu seulement se constituer, qu'il soit là, tout prêt pour transmettre aux Parlements et aux gouvernements de tous les pays la volonté pacifique des peuples le jour où celle-ci se sera manifestée avec une énergie suffisante, voilà ce qui est considérable.

La Conférence interparlementaire qui se réunit à des intervalles irréguliers dans les différentes capitales de l'Europe, possède un Conseil permanent, dans lequel l'Allemagne, l'Autriche, la Belgique, le Danemark, l'Espagne, les Etats-Unis d'Amérique, la France, la Grande-Bretagne, la Hongrie, l'Italie, la Norwége, les Pays-Bas, le Portugal, la Suède et la Suisse sont représentés par deux membres, la Grèce et la Roumanie par un membre. Les représentants de la France sont actuellement M. Labiche, sénateur, et M. de la Batut, député. Le Bureau interparlementaire siège à Berne et son secrétaire est M. le docteur Gobat, conseiller national suisse (1).

Passons maintenant à l'organisation privée

---

(1) A côté de ce groupement international de parlementaires, chacun sait que la France vient de donner l'exemple de la formation, au sein de son propre Parlement, d'un groupe de l'Arbitrage international. Ce groupe est dû à l'initiative de M. d'Estournelles de Constant, ancien diplomate, que la France désigna pour la représenter officiellement à la Conférence internationale de La Haye, puis dans la Cour permanente d'Arbitrage facultatif créée par cette Conférence même ; devenu, comme tous les hommes généreux et consciencieux que les circonstances conduisent à étudier de près la question pacifique, l'un des apôtres les plus ardents de la cause, grâce à son activité et à sa ténacité, il n'y a aucun doute que le groupe parlementaire français, se tenant à l'affût de toutes les occasions de faire sanctionner les idées pacifiques par des mesures gouvernementales et législatives, ne fasse entrer définitivement

dé la Paix, à celle qui s'est formée en dehors de toute attache avec les milieux officiels.

Les Associations privées ont, elles aussi, leur Bureau international permanent qui, comme le Conseil de la Conférence interparlémentaire, siège à Berne; la France y est représentée par M. Frédéric Passy et M. Emile Arnaud. Ce bureau reçoit du monde entier et communique aux associations et à la presse, par une correspondance bi-mensuelle, les informations intéressant le mouvement pacifique. Il est géré avec un dévouement, une intelligence et un tact admirables par un citoyen suisse, M. Elie Ducommun.

Le nombre des associations et groupements fondés en vue de propager les idées pacifiques était, au 1er avril 1903, dans les différents pays, le suivant :

---

la cause dans la voie pratique et officielle. Déjà il paraît certain que sa vigilance aboutira, à bref délai à la conclusion de traités permanents d'arbitrages entre la France et quelques puissances amies, ce qui serait l'amorce définitive de la pratique de ces traités.

Allemagne,   3 Sociétés formᵗ ensemble 73 groupᵗˢ généraux ou locaux
Autriche,   8   »   »   8   »   »
Belgique,   2   »   »   2   »   »
Danemark,   1   »   composée de   73   »   locaux
France,   29   »   formᵗ ensemble 120   »   généraux ou locaux
Grᵈᵉ Bretagne,   13   »   »   72   »   »
Hongrie,   1   »   composée de   1   »   local
Italie,   17   »   formᵗ ensemble   17   »   généraux ou locaux
Norwège,   1   »   composée de   34   »   locaux
Pays-Bas,   2   »   formᵗ ensemble   7   »   généraux ou locaux
Portugal,   2   »   »   2   »   »
Roumanie,   1   »   composée de   1   »   local
Russie,   1   »   »   1   »   »
Suède,   2   »   formᵗ ensemble   14   »   généraux ou locaux
Suisse,   4   »   »   21   »   »
Etats-Unis d'Am.,   16   »   »   16   »   »
Amér. du Sud,   5   »   »   5   »   »
Egypte et Perse,   2   »   »   2   »   »
                  ____   ____
       Total 140 Sociétés   469 groupᵗˢ généraux ou locaux

En dehors de ces groupements exclusivement pacifiques, il se dessine depuis un an environ un mouvement marqué d'adhésion au mouvement chez d'autres sociétés; en France, 29 Associations amicales d'instituteurs, c'est-à-dire près de la moitié de ces groupements, ont donné leur adhésion à la Société d'Education Populaire, qui a pour but d'introduire les idées pacifiques dans l'éducation des jeunes générations. C'est là un fait d'une importance capitale. D'autre part, 15 Universités Populaires, 16 Sociétés Coopératives, 25 Bourses du Travail et 8 Sociétés diverses ont donné leur adhésion au mouvement.

VI

Progression du mouvement pacifique. — Avant et après 1870. — Les conséquences d'un « faux ». — Après 1880. — Progression extraordinaire

Telle est l'étendue du mouvement pacifique dans l'espace; examinons maintenant quelque chose d'infiniment plus significatif encore, son étendue dans le temps, sa progression.

Sur ces 469 groupements pacifiques, combien en existait-il avant 1870 ? — Dix.

De 1870 à 1881, il s'en fonde un seul.

Le mouvement a été arrêté brusquement par le sentiment de terreur et de stupéfaction inspiré au monde, à la vue du spectacle de deux des plus grandes nations d'Europe s'entredéchirant, et de l'une d'elles sortant de cette lutte meurtrie et démembrée !

Et qu'avait-il fallu pour cela ?

Ah ! nous avons assisté il y a quelques années à une de ces divulgations de l'histoire impartiale qui sont bien la condamnation la plus nette de la guerre, à la divulgation des misérables moyens auxquels les hommes les plus formidablement puissants sont eux-mêmes obligés de recourir, pour voiler aux yeux des populations les responsabilités effrayantes qu'ils encourent en déchaînant les conflits. *Il avait fallu, pour que la guerre de 1870 éclatât, que M. de Bismarck fît expédier une dépêche falsifiée.* Il avait fallu que ce piège honteux et grossier fût tendu aux susceptibilités de notre empereur et de sa diplomatie, qui ne demandaient sans doute pas mieux que d'y tomber et d'avoir ce prétexte de laver leur conscience, pour que quatre cent mille hommes fussent massacrés et leurs familles vouées aux larmes et à la misère, pour que des milliards de richesses fussent détruits, pour que deux provinces fussent arrachées à la mère-patrie et pour que plus de trente ans après, l'Europe gémit encore sous le fardeau toujours croissant des charges militaires. Ah! si jamais les menaces d'un conflit armé grondent aux oreilles de notre patrie, que chacun se souvienne de la «dépêche d'Ems», et si chacun s'en souvient alors, il n'y aura qu'une voix dans le pays pour demander que son sort ne soit pas à la merci possible de tels incidents, et pour que le règlement des points en litige soit retiré des mains d'hommes d'Etat et de diplomates affolés par le double et naturel souci de leur responsabilité et de la dignité de leur pays, pour être remis entre les mains de tiers calmes et impartiaux. Et si quelqu'un parle encore de la grandeur et de la noblesse de la guerre, on pourra lui rappeler que la guerre la plus douloureuse dont le souvenir pèse sur nous, comme tant d'autres sans doute, est sortie du *mensonge* et du *faux*, et que jamais, jamais on ne pourra faire admettre par une conscience normalement constituée que le *mensonge* et le *faux* soient des choses compatibles avec ce qui est noble et ce qui est grand.

A partir de 1880, l'idée pacifique recommence à s'emparer des esprits.

De 1880 à 1891, il se fonde une quarantaine de groupements nouveaux, soit déjà, en dix ans, près de quatre fois les progrès de plus des trois quarts précédents du siècle. Mais c'est surtout dans les douze dernières années, de 1891 à 1903, que le mouvement s'accentue, puisqu'il s'est formé dans cette période *quatre cent trente* groupements nouveaux, c'est-à-dire que dans le *dernier dixième* du siècle on a *décuplé* les progrès réalisés dans les *neuf premiers dixièmes*.

Avais-je raison de dire que la Vérité est en marche? Dans quelques années, c'est la France entière, si le mouvement continue, qui formera une immense Fédération de Sociétés Pacifiques.

VII

Les manifestations pacifiques. — Congrès internationaux et Congrès nationaux. — Organisation permanente des manifestations.— Publications

Comment se manifeste l'activité des amis de la Paix ?

D'abord par des Congrès internationaux ; jusqu'en 1870, il y avait eu deux ou trois Congrès de la Paix, dans l'un desquels, à Genève, Victor Hugo avait prononcé un discours qui est resté comme un monument d'éloquence contre la barbarie de la guerre. C'est à partir de 1889 seulement que les Congrès commencent à être tenus régulièrement ; sauf en 1895 où aucun n'a eu lieu, et en 1898 et 1899 où ils ont été remplacés par des Assemblées Générales tenues à Turin et à Berne, ils se sont succédés sans interruption tous les ans, à Paris, Londres, Rome, Berne, Chicago, Anvers, Budapest, Hambourg, Paris, Glasgow, Monaco, et enfin Rouen et Le Havre où se tiendra le Congrès de cette année.

Ces Congrès ont été l'occasion pour quelques membres du parti pacifique, qui en sont l'âme, qui en ont dirigé les travaux, que leur modestie m'empêche seule de nommer, mais que tous les assidus des Congrès connaissent bien, de montrer que la netteté de leur sens pratique est à la hauteur de leurs vues et de leurs aspirations généreuses. Nous ne prétendrons pas que bien des paroles inutiles et un certain désordre de pensée ne se soient souvent manifestés dans ces Congrès comme dans toutes les réunions de ce genre, mais il est bien rare que les discussions n'y aient pas été ramenées sur un terrain raisonnable, et parmi la centaine de résolutions qui y ont été adoptées, on en trouverait bien peu qui ne soient marquées au coin du plus parfait bon sens et du meilleur esprit pratique. Ces résolutions ont visé les sujets suivants:

I. Rapprochement fraternel des peuples.

   a. Tendance générale : 1. Fraternité entre les nations; 2. Egalité des Etats; 3. Côté moral de la question; 4. Fédération européenne; 5. Protection des étrangers.

   b. Législation internationale : 1. Etat juridique entre les nations; 2. Principe

   i. Propagande par le séjour en pays
     étranger.
   k. Participation à l'Exposition univer-
     selle de 1900.
   l. Pétition universelle en faveur de la
     Paix.
  m. Manifestations collectives.
VI. Actualités politiques.
   a. Affaires de Turquie.
   b. Ligue balkanique.
   c. Arménie.
   d. Conflit franco-turc.
   e. Chili et République Argentine.
   f. Guerre Sud-Africaine.
   g. Extrême-Orient (1. Guerre de Corée;
     2. Expédition de Chine; 3. L'action
     des missionnaires; 4. Protection des
     convertis.

On peut dire qu'en ces douze ou treize
années, les Pacifistes ont dans leurs Congrès
élaboré pour les gouvernements la besogne
d'un siècle, et lorsque ceux-ci voudront s'y
mettre sérieusement, ils n'auront qu'à pui-
ser dans cet arsenal d'études conscien-
cieuses et approfondies. L'expérience en a
été faite d'ailleurs. Lorsque les diplomates

allèrent à La Haye sur la convocation du tsar, ils ne savaient trop ce qu'ils allaient y faire ; la plupart étaient convaincus au fond d'eux-mêmes qu'il ne sortirait rien du tout de cette conférence, et ceux qui y allaient avec le sincère désir d'en faire sortir quelque chose, furent bien aise de constater que la tâche leur avait été singulièrement facilitée par les Congrès de la Paix.

En dehors des Congrès internationaux, la France a inauguré l'année dernière, à Toulouse, la pratique des Congrès nationaux qui, se tenant dans l'intervalle des premiers, permettent de préparer les questions qui devront y être agitées, en même temps qu'ils établissent un contact plus fréquent et plus étroit entre les amis de la Paix résidant dans un même pays. Il n'est pas toujours facile à tous ceux-ci de se rendre au siège souvent éloigné des Congrès internationaux ; les Congrès nationaux leur donnent une chance de plus de pouvoir participer à la discussion des questions qui intéressent la cause pacifique ; les Congrès permettent enfin d'associer au mouvement des groupements poursuivant spécialement un autre but et qui adhéreraient plus difficilement à des Congrès internationaux autres que ceux s'occupant de leur but spécial.

Les Congrès nationaux français sont préparés par une Délégation permanente des Sociétés françaises de la Paix, qui s'occupe en même temps de centraliser et de répandre tous les renseignements intéressant la propagande française et d'intervenir auprès des pouvoirs publics chaque fois que l'occasion se présente de faire faire à la cause pacifique un progrès officiel. Cette Délégation qui se réunit tous les mois et publie un bulletin mensuel, est présidée par M. Frédéric Passy et composée de MM. Emile Arnaud, Ch. Beauquier, député, H. Follin, Lucien Le Foyer, A. Mérignhac, Gaston Moch, Charles Richet et Ed. Spalikowski.

Dans l'intervalle des Congrès, la propagande pacifique s'exerce : 1° par d'innombrables conférences, faites soit par des conférenciers locaux, soit par les personnalités éminentes du parti, et le dévouement avec lequel, entre autres, Frédéric Passy, malgré ses quatre-vingt-un ans, Lucien Le Foyer, Emile Arnaud, Ch. Richet, se transportent à toute réquisition d'un bout à l'autre de la France, pour parler quelquefois devant des salles combles, mais aussi quelquefois devant quelques maigres douzaines d'auditeurs, est digne de toutes nos admirations ; 2° par des publications, dont les principales sont, en France, *La Revue de la Paix*, *La Paix par le Droit*, *Les Etats-Unis d'Europe*, *L'Universel*, organe du mouvement pacifique chrétien, toutes mensuelles.

Tel est l'état de la propagande pacifique.

VIII

Les bases de la propagande pacifique. — Disparition fatale de la guerre. — L'évolution de l'art de la guerre. — La paix armée et la ruine. — Les travaux de M. de Bloch. — Aveux significatifs

Il me reste à examiner sommairement les arguments par lesquels on peut démontrer, non plus seulement la nécessité de combattre et d'éviter la guerre, nécessité sur laquelle tout le monde est à peu près d'accord, mais encore :

1° que la disparition de la guerre est fatale ;

2° que la disparition de la guerre est possible ;

3° que la propagande des amis de la Paix pour amener le plus tôt possible cette disparition ne risque en aucune façon de compromettre, ni la sécurité, ni l'honneur et les aspirations des nations.

La disparition de la guerre est fatale pour deux raisons : d'abord parce que les nations s'acheminent à grands pas vers ce dilemne : ou renoncer aux armements tels que l'art moderne de la guerre les exige, ou se ruiner ; ensuite parce qu'il apparaît de plus en plus certain que la guerre, qui n'a jamais mené à rien de définitif et a toujours amené de nouvelles guerres à plus ou moins bref délai, peut de moins en moins mener à un résultat même immédiat. Elle devient de plus en plus une loterie décevante, mais hélas sanglante, où les peuples joueront aussi aveuglément que sur un coup de dés, leur vie et leur fortune, et dans laquelle le gagnant, s'il y en a un, est certain de ne jamais même retrouver sa mise !

Je ne saurais, dans cette courte étude, entrer dans le détail des documents et des preuves sur lesquels s'appuie cette double constatation. Je me contenterai de signaler quelques-uns des principaux ouvrages qui l'ont mise en évidence. C'est d'abord l'étude d'un Havrais, M. Émile Delivet, publiée il y a déjà treize ans, sous le titre : *L'Exagération des charges militaires et les prix de revient*; c'est ensuite un substantiel rapport présenté par M. Gaston Moch au Congrès du Commerce et de l'Industrie en 1900, dont les conclusions furent adoptées par cette assemblée d'hommes qui n'étaient certes pas des rêveurs, et dans lequel l'auteur démontre, entre autres choses, que la paix armée a coûté à l'Europe, depuis trente-deux ans, plus de cent milliards, la moitié de la fortune de la France, pour arriver à ne pas faire la guerre ; que serait-ce si on la faisait ! la ruine évidemment. Ce sont enfin et surtout les considérables travaux de M. Jean de Bloch, ancien conseiller d'État de Russie et conseiller privé du tsar.

L'histoire de ces travaux est très typique.

M. de Bloch était, je l'ai entendu le raconter lui-même au Congrès de la Paix de 1900 à Paris, un financier très imbu d'idées militaristes. Les circonstances l'ayant amené à rechercher, au point de vue de la pure statistique et de la documentation, quel était l'état des armées du monde, il ne tarda pas à se rendre compte que l'on n'avait en général aucune idée de ce que les progrès réalisés dans l'art militaire pourraient faire d'une guerre entre les principales nations européennes. Il se convainquit, par l'étude consciencieuse et approfondie des faits, que le monde était engagé dans une voie de pure folie, et il devint dès lors un ardent propagateur des idées pacifiques, auxquelles il consacra tout son temps et une partie de sa fortune.

Les recherches de M. de Bloch ont constitué plusieurs gros volumes publiés sous le titre de *La guerre future*; les graphiques qui en résument les conclusions ont été exposés à Paris en 1900; enfin, l'auteur, avant sa mort, a tenu à fonder à Lucerne, dans un site merveilleux et bien fait pour faire réfléchir sur la vanité des agitations conquérantes, un « Musée de la guerre et de la paix », où sont réunies les armes anciennes et modernes, les tableaux de batailles, les planches anatomiques, les graphiques, les photographies, qui peuvent servir à la démonstration de ses thèses.

Il serait impossible de donner en quelques lignes une idée nette des conclusions qui se dégagent des travaux ce M. de Bloch. Les principales, et il faut noter que M. de Bloch les appuie sur les opinions de *généraux* de divers pays, sont que, par suite de transformations des armements et du Génie militaire, les guerres futures obligeraient les combattants à se tenir sur la défensive et à faire durer indéfiniment les hostilités ; que dans chaque combat il ne restera pas assez de vivants pour enterrer les morts et relever les blessés ; qu'on ne trouvera pas de généraux, quelque soit leur habileté et leur sang-froid, capables de prendre *utilement* pour le pays qu'ils serviront la responsabilité de tueries épouvantables dont le résultat sera à la merci des circonstances — et surtout que par suite du coût fantastique de la guerre, que M. de Bloch évalue à vingt-cinq millions par jour pour chaque grande nation européenne, en même temps que de l'arrêt complet de la vie économique, les ressources des peuples seront épuisées bien avant que la guerre ait pu donner un résultat définitif, et que la famine n'attendra pas pour se déclarer qu'il y ait des vainqueurs et des vaincus.

Et si l'on était tenté de douter de la réalité des pronostics de M. Jean de Bloch, on peut se faire cette réponse qui est probante : les travaux de M. de Bloch sont appuyés sur des documents précis, rendus publics. Si ces documents et ces conclusions sont erronés, il est facile de les réfuter. On attend encore, pour cet ouvrage comme pour ceux qui l'ont précédé, un réfutateur.

Mais s'il fallait une preuve de l'exactitude des conclusions de M. de Bloch, ne la trouve-t-on pas dans la démarche du tsar qui a provoqué la réunion de la Conférence de La Haye. S'il n'avait pas été convaincu de l'inutilité et de l'impossibilité d'une guerre entre les grandes puissances européennes, est-ce que le souverain le plus absolu du pays le plus conservateur de l'Europe, serait venu dire aux autres : « Halte là ! cela ne peut plus durer ainsi ;

nous marchons à la ruine, il faut trouver autre chose ! » ?

Et s'il fallait une autre preuve que partout, dans les sphères dirigeantes, on sent la nécessité impérieuse de s'arrêter sur la pente où l'on s'est engagé, ne la trouve-t-on pas dans ce fait que des découvertes nouvelles, des perfectionnements nouveaux des armements sont connus, mais qu'ils ne sont pas appliqués, parce qu'il en résulterait des dépenses considérables qui, on le sait, seraient en pure perte, l'expérience prouvant qu'aussitôt un perfectionnement adopté dans une armée, les autres sont pourvues d'un perfectionnement similaire ou même plus grand qui remet tout en question.

IX

Possibilité de supprimer la guerre. — La justice internationale. — Son premier germe. — L'arbitrage. — Progrès des arbitrages. — La Cour de La Haye. — Révolution dans le langage des gouvernements

Mais cette dernière constatation m'amène au second point de ma démonstration.

En effet, si l'ajournement indéfini de la

guerre est possible, cela équivaut à sa disparition ; s'il en est ainsi, ne doit-on pas conclure qu'il est bien stupide de continuer à se regarder en chiens de faïence, se soupçonnant mutuellement de mauvais desseins que personne, s'il le voulait, ne pourrait réaliser, mais ne s'en exposant pas moins aux conséquences épouvantables d'un moment d'oubli et d'aberration que l'on regretterait sans doute le lendemain, mais alors qu'il serait trop tard, et que les vieilles traditions de l'amour-propre national ne permettraient plus de reculer ? Non, s'il est possible de rester indéfiniment sans faire la guerre, il doit être certainement possible de ne plus la faire du tout.

Mais cela est possible pour d'autres raisons encore ; cela est possible parce qu'il y a, pour régler les différends, un autre moyen que le massacre.

Qu'est-ce qui caractérise la civilisation actuelle ? c'est que les individus ont cessé de se faire, comme autrefois, justice à eux-mêmes ; c'est que, lorsqu'ils ne sont pas d'accord, ils ne règlent pas leurs querelles par la voie des armes, mais qu'ils sont obligés de les soumettre à des tiers, dont ils acceptent, quelquefois en maugréant, mais dont ils acceptent tout de même les décisions, parce qu'ils sentent bien qu'ils ne peuvent se mettre en révolte contre l'état social dont ils tirent tant d'avantages.

Et qu'est-ce qui caractérisera la civilisation future ? c'est qu'il paraîtra tout aussi naturel et tout aussi indispensable d'appliquer aux nations le régime d'où sont sorties la paix et la sécurité sociales, qu'il semble aujourd'hui naturel et indispensable d'appliquer ce régime aux individus à l'intérieur des nations.

Mais ce régime de justice internationale, comment l'établir ? Comment ? en développant tout simplement un germe qui existe, un germe qui a déjà levé, qui a déjà porté des fruits. Ce régime ? il existe, sous une forme il est vrai rudimentaire, appelée sans aucun doute à se développer et à se présenter dans l'avenir sous un aspect aussi dissemblable de son aspect actuel que notre organisation juridique est dissemblable de la justice du roi Salomon ou du bon roi Saint Louis siégeant sous son chêne de Vincennes. Mais il existe, et sous la forme de l'arbitrage, il a fonctionné, depuis le commencement du siècle, avec une intensité croissante, absolument aussi caractéristique que l'accroissement d'intensité de la propagande pacifique.

Les chiffres suivants en sont la preuve :

Dans les 20 années

de 1800 à 1820	on compte	11	arbitrages internationaux
» 1820 à 1840	»	8	»
» 1840 à 1860	»	20	»
» 1860 à 1880	»	44	»
» 1880 à 1900	»	90	»

Et enfin, il s'est produit, dans la voie de l'application des moyens propres à amener la disparition de la guerre, un événement considérable, un événement qui restera dans l'histoire de l'humanité comme le symbole de l'évolution des idées dont a été témoin le siècle qui vient de s'écouler : c'est la convocation de la Conférence de La Haye, c'est la convention internationale qui en est sortie, c'est la création d'une Cour, facultative jusqu'ici il est vrai, mais permanente d'arbitrage.

Ah ! je sais bien que l'on a contesté l'importance de cet événement. Depuis que le tribunal en question est constitué, une guerre meurtrière et ruineuse s'est déroulée, et quelques autres manifestations belliqueuses se sont produites. C'est à peine si deux ou trois litiges ont été portés devant lui ; on a eu bien du mal à obtenir qu'il soit chargé de trancher la question du Vénézuela et il est certain que les belligérants n'y ont pas en tous cas mis beaucoup d'entrain et d'enthousiasme.

Mais, réfléchissons seulement une seconde. La guerre existe depuis des milliers et des milliers de siècles. Combien y a-t-il de temps que les nations se sont entendues pour la première fois, à l'effet de faire une première, une timide manifestation du besoin primordial qu'elles éprouvent de supprimer la guerre, mais que des préjugés séculaires les poussent encore à dissimuler par amour-propre ou à considérer comme un rêve trop beau ! Combien de temps ? Il y a à peine quatre ans !!! Quatre ans vis à vis de milliers de siècles !!! Et l'on voudrait que cette manifestation eût déjà porté des résultats définitifs ? Mais tenir un tel langage, c'est montrer une ignorance impardonnable de la manière dont en toutes choses se réalise le progrès humain ! C'est faire preuve d'une légèreté, d'une superficialité d'esprit extraordinaires, et le peuple français ne voudra pas laisser croire que ces défauts, qu'on lui reproche avec raison dans une certaine mesure, mais dont il sait admirablement s'affranchir dans les circonstances graves, puissent le conduire à méconnaître le rôle si important qu'il a joué jusqu'ici dans l'histoire de la civilisation, et à faire un objet de plaisanterie et de scepticisme de ce qui est en réalité *l'aurore des temps nouveaux.*

Oui l'aurore des temps nouveaux. Car, comme l'a si bien fait remarquer Emile Arnaud, si nous cherchons le sens profond de certaines phrases du texte de la Convention de La Haye, si nous y lisons avec les yeux du penseur des phrases telles que celle-ci :

« *Les souverains ou chefs d'Etats... recon*naissant la solidarité *qui unit* les membres de la société des nations civilisées »,

et si nous réfléchissons que tout l'effort des gouvernements, suivis docilement par leurs peuples, avait jusqu'ici consisté à ériger chaque nation, non pas comme un « membre de la société des nations », mais comme une *société* opposée aux autres, nous devons conclure qu'il y a dans le monde quelque chose de changé, et que ce quelque chose est d'une importance formidable.

En réalité, on fait encore grise mine à la Conférence de La Haye parce qu'on ne peut pas s'habituer du premier coup à soumettre à la justice internationale ce qui avait toujours été réglé par le bon plaisir du plus fort, parce qu'on voudrait bien, après s'être donné quelques garanties contre les maux de la guerre, en conserver tout de même quelquefois les quelques avantages. Mais prenons patience, cette politique étroite et mesquine fera son temps et il faudra bien qu'on se résolve non seulement à proclamer, mais encore à pratiquer « la solidarité des membres de la Société des nations civilisées ».

X

La propagande pacifique et la sécurité des nations. — Le désarmement est un but, non un moyen. — Les traités permanents d'arbitrage obligatoire

J'arrive, enfin, au troisième et dernier

point de notre démonstration. Nous avons
vu que le but poursuivi par les amis de la
Paix est *fatal et nécessaire* ; nous avons vu
que sa réalisation est *possible*. Nous allons
voir d'une part, qu'il ne compromet en quoi
que ce soit notre nation au bénéfice des
autres — et de l'autre qu'il n'est nullement
en opposition avec les patriotiques préoccu-
pations de notre dignité nationale.

Que demandons-nous donc ? Notre propagande, quelque forme qu'elle prenne, qu'elle
s'appelle propagande arbitragiste ou autre-
ment, n'a évidemment pour but que de supprimer non seulement la guerre, mais aussi
la paix armée, qui, nous l'avons vu, est à peu
près aussi néfaste ; mais aussi les charges
militaires qui nous écrasent.

Mais est-ce que nous demandons pour
cela le désarmement immédiat ? est-ce que
nous demandons que notre pays, donnant
l'exemple de la confiance dans la sagesse de
tous, se dépouille de l'appareil défensif qu'il
a organisé contre des attaques possibles ?
Non, ce n'est pas cela que nous demandons.
Nous ne demandons pas le désarmement,
même partiel ; nous ne demandons même

pas l'application positive de ce système de désarmement négatif qui a été signalé et qui consiste à suspendre le progrès des armements. Nous rejetons l'idée de désarmement comme moyen. Le désarmement est notre but ; notre moyen, c'est *le traité permanent d'arbitrage obligatoire entre les nations*. C'est seulement lorsque de tels traités auront été conclus par toutes les nations ou par la majorité d'entre-elles, formant ce que notre ami Emile Arnaud appelle un réseau à mailles si serrées que la guerre n'y puisse plus passer ; c'est seulement lorsque les peuples se seront fait mutuellement la promesse solennelle et sacrée de ne plus avoir recours à la guerre et de soumettre tous leurs différends à l'arbitrage (soit de la Cour de La Haye, soit, ce qui pour des raisons trop longues à énumérer me paraît cependant moins recommandable, d'autres arbitres), c'est alors seulement qu'ils pourront se réunir à nouveau et se dire : *maintenant que nous ne devons plus faire la guerre, sous peine de manquer d'une manière flagrante à notre solennelle parole et de perdre par conséquent ce que nous avons de plus précieux, notre crédit, n'est-il pas stupide de continuer à agir comme si nous devions la faire ?* C'est alors qu'en toute sécurité, ils pourront supprimer la plus grosse partie de leurs armées nationales et les remplacer d'une part par des milices, de l'autre par une police internationale destinée à sauvegarder la *société des nations civilisées* contre les retours de plus en plus improbables de la sauvagerie interne et externe.

Donc, les moyens préconisés par les amis de la Paix ne sauraient en aucune façon compromettre la *sécurité* de leur patrie.

Il reste la question de sa *dignité*.

XI

La dignité des nations. — L'arbitrage et la justice
idéale. — Nécessité de choisir entre le Droit
humain et la Force. — Faillite de la Force. —
L'application d'une forme rudimentaire du
Droit en permettra seule les progrès

L'argument suprême que mettent en avant les adversaires de la politique arbitragiste, ou plutôt les sceptiques de cette politique, car personne n'ose s'en avouer l'adversaire, c'est celui-ci :

Mais les nations ne peuvent remettre entre les mains de tiers le soin absolu et définitif de leurs intérêts. On les a bien vues, on les voit, et on les verra tous les jours davantage recourir à l'arbitrage pour régler des différends de peu d'importance. Mais dès qu'il s'agira de faire trancher une question à laquelle elles attacheront un gros intérêt, elles se méfieront. Et elles auront raison de se méfier, car après tout, ces juges qu'on veut leur donner, ces arbitres, ne seront pas infaillibles ; ils pourront être mal placés pour comprendre et apprécier sainement les faits ; ils pourront être influencés par l'intérêt de leur propre pays, par les sentiments généralement éprouvés dans ce pays envers les nations dont ils auront à trancher le litige. Ils pourront être tentés de rendre de ces jugements de Salomon, qui consistent à donner un peu raison et un peu tort à chacun, qui ne sont pas toujours conformes à la stricte équité, et qui ont l'inconvénient de favoriser les amis de la chicane, car ceux-ci, en suscitant des procès, ont toujours l'espoir d'en retirer quelque avantage. Les arbitres pourront aussi, et on l'a vu plusieurs fois, dit-on, être tentés par des raisons d'intérêt ou de pusillanimité de donner raison aux forts contre les faibles, ou au contraire, par des raisons de sentiment, de donner raison aux petits pays contre les grands ; ils pourront avoir tendance à donner tort aux peuples riches, qui peuvent payer, contre les pauvres, et cela est très dangereux, parce que l'on peut susciter ainsi une exploitation des peuples actifs, dont la prospérité n'est après tout que la récompense de leur travail, par des peuples paresseux et parasites.

Eh bien ! ces objections ont une valeur incontestable, mais s'y arrêter lorsqu'il s'agit de *supprimer une chose comme la guerre*, c'est, sous prétexte de sens pratique, regarder les questions par leurs plus petits côtés ; c'est noyer le principal dans l'accessoire.

Il est bien évident que tant que les hommes seront des hommes et non des anges, il n'y aura pas d'institution humaine qui soit parfaite. Il est certain que les jugements qui seront rendus par les arbitres internationaux pourront ne pas toujours être absolument conformes à l'équité, et cela pour une bonne raison, c'est que l'absolu n'est pas de ce monde. Le Droit public et privé internationaux ne seront pas plus l'expression parfaite de la *justice idéale*, qui n'existe que dans les aspirations confuses et quelquefois contradictoires des hommes, que ne le sont le Droit public et privé nationaux.

Mais ce n'est pas de cela qu'il s'agit. Il s'agit de choisir entre deux moyens, non pas idéaux, mais humains, non pas d'atteindre la justice idéale, mais de terminer humainement les querelles humaines : la Force — le Droit.

Il est surabondamment démontré que la Force est non seulement un moyen barbare et inhumain, mais qu'elle est un moyen inefficace, ruineux, désormais inapplicable ; il ne reste qu'une solution : organiser le Droit. Qu'on l'organise le moins mal possible, qu'on ne cesse d'y apporter des perfectionnements et des garanties *que d'ailleurs l'expérience seule peut déterminer*, mais qu'on l'organise délibérément, sans esprit de retour vers l'autre moyen, et avec la ferme volonté de ne plus recourir qu'à celui-là.

XII

Le véritable honneur des nations. — La question d'Alsace-Lorraine. — La seule solution de cette question est dans la consolidation de la paix. — La paix assurée, point de départ d'une évolution nouvelle de l'idée de patrie et de la vie des peuples

C'est là seulement que réside la dignité et l'honneur des nations. Leur dignité, c'est de savoir subir au besoin quelques torts passagers, qui ne pourront jamais être bien graves et qui le deviendront de moins en moins, pour assurer l'exercice de leur fonction permanente et supérieure. Leur honneur, c'est de ne pas faire faillite à leur tâche, qui consiste à assurer et non pas à compromettre comme elles l'ont fait si souvent, les biens que ses enfants attendent d'elles, c'est-à-dire la sécurité et la paix dans le labeur quotidien.

Enfin, on nous dit, au nom de l'honneur et de la dignité des nations, qu'elles ne peuvent oublier certaines situations douloureuses léguées par le passé. On nous dit : Et la question de l'Asace-Lorraine? Qu'en faites-vous ?

Ah ! nous avons à cela une réponse bien simple ! C'est que si l'on avait écouté, il y a un peu plus de trente ans ceux qui parlaient alors comme nous parlons aujourd'hui ; si la voix du grand apôtre, Frédéric Passy, qui prêche aujourd'hui la Paix avec tant de succès, que l'on comble d'honneurs et dont on acclame le nom d'un bout à l'autre de la France, si la voix de M. Frédéric Passy n'avait pas alors prêché dans le désert ; si l'on ne s'était laissé tromper par les sophismes de la vanité nationale que l'on prenait alors pour de la dignité, *il n'y aurait pas de question d'Alsace-Lorraine !*

Et c'est parce que nous savons que les questions de ce genre ont toujours été dans le passé le fruit de la guerre, c'est parce que nous savons qu'elles se sont engendrées les unes les autres et perpétuées par la guerre, c'est parce que nous savons que la guerre les apporte mais ne les résout jamais, que nous ne voulons plus de la guerre dans l'avenir.

Certes, la conclusion entre la France et l'Allemagne d'un traité permanent d'arbitrage destiné à prévenir tous les conflits futurs ne rendrait pas leur patrie aux Alsaciens-Lorrains qui désirent encore devenir Français. Mais si cher que soit ce désir, y a-t-il un seul Alsacien-Lorrain, qui, s'étant lui-même *résigné à accepter la nationalité allemande plutôt* que d'abandonner la terre où l'attachaient tous ses *légitimes intérêts matériels et moraux*, voulût réaliser ce désir au prix du sacrifice d'*intérêts infiniment supérieurs encore*, puisque la France, vainqueur ou vaincue, ne pourrait sortir d'une guerre que ruinée, et que l'Alsace-Lorraine, redevenue française ou restée allemande, ne pourrait sortir d'une guerre dont elle aurait été le principal théâtre, que dévastée de fond en comble.

Il faut qu'on se pénètre bien de ceci, d'ailleurs. C'est que *le jour où les patries ne seront plus une menace perpétuelle les unes pour les autres*, la conception de la patrie subira nécessairement une modification profonde. Lorsque la guerre ne sera plus à craindre entre la patrie des ancêtres et la patrie des concitoyens, lorsque les drapeaux ne se menaceront plus, lorsqu'ils ne seront plus que le symbole d'un passé toujours cher sans pouvoir être jamais le symbole d'un avenir sanglant, lorsqu'ils pourront tous fraterniser en toutes circonstances comme on en voit déjà quelques-uns mêler leurs couleurs au cours des fêtes même nationales, lorsque chaque homme, abstraction faite de la langue qu'il parle, des impôts qu'il paie, des députés qu'il nomme, des lois auxquelles il obéit (c'est-à-dire abstraction faite de tout ce qui fait la substance matérielle de la patrie, mais n'en constitue pas l'essence, puisque dans un même pays on entend parler de langues différentes et que les députés sont élus, les lois et les impôts votés par des majorités instables et souvent infimes), lorsque chaque homme, dis-je, pourra, quelque soit sa nationalité officielle, choisir, dans le faisceau des drapeaux unis, celui que son cœur préfère comme le symbole de ses traditions, alors la question d'Alsace-Lorraine, comme tant d'autres, sera résolue tout au moins dans ce qu'elle a de plus essentiel et de plus douloureux !

N'en demandons pas plus. La disparition de la guerre, par laquelle et en vue de la quelle pour ainsi dire le monde actuel s'est constitué, amènera sans aucun doute dans le monde, pour le plus grand bonheur de l'humanité, des transformations ultérieures que nous ne pouvons même pas concevoir. *Faisons la tâche du présent. L'avenir fera le reste.*

XIII

La lutte entre le Passé et l'Avenir. — Les survivances inconscientes de la barbarie. — Contradiction des sentiments publics. — Conclusion

J'espère que les considérations développées ici auront, non pas fait naître, car je suis persuadé que je n'ai rien dit que la plupart des lecteurs n'ait pensé ou tout au moins senti d'avance, mais fortifié leur attachement à la cause de la Paix, en même temps qu'elles auront provoqué leur confiance dans le succès final de cette cause.

Mais cela ne suffit pas. Il faut cultiver ces sentiments, en arrachant toutes les mauvaises herbes qui tendent à l'étouffer, en surveillant sans relâche les sophismes, les erreurs, les retours des vieux préjugés du passé qui si facilement surgissent en nous et engourdissent les sentiments et les idées les plus justes.

Et, à ce propos, je voudrais conclure en citant un petit fait, qui n'a l'air de rien, qui semble tout naturel et qui pourtant est significatif.

C'est un récit maritime, qu'on a pu lire il y a peu de temps dans les journaux du Havre. On racontait que le transatlantique *La-Champagne* s'étant trouvé en vue du torpilleur sous-marin l'*Espadon*, celui-ci s'était livré sur lui, sans que personne s'en aperçût, à un simulacre d'attaque. Et lorsque l'*Espadon* remonta à la surface, il s'approcha de *La-Champagne* à portée de voix, et les passagers purent entendre ces mots qui s'adressaient au commandant : « Si vous étiez un ennemi, vous seriez par le fond ; car je viens de vous torpiller. » A ces mots, rapportait l'auteur du récit, tout ce que *La-Champagne* comptait de passagers poussa des hourras nourris.

Voilà qui semble tout naturel ; et, tous

tant que nous sommes, nous aurions proba-
blement joint nos acclamations à celles des
passagers qui furent les témoins de ce haut
fait d'habileté militaire et maritime. Et,
cependant, que représente ce haut fait ? Il
représente la possibilité, pour un de ces
magnifiques navires dont la civilisation se
fait gloire, qui ont coûté tant d'efforts d'intelligence et de labeur, dont le naufrage
prendrait les proportions d'une calamité
universellement ressentie et déplorée, d'être,
par le fait de l'homme, englouti en un ins-
tant avec les centaines d'êtres humains qu'il
porte ! Certes on a le droit d'éprouver un
sentiment de satisfaction à constater que la
patrie est solidement outillée pour se défendre contre des attaques possibles, mais lorsque cette défense doit se traduire par des
nécessités aussi atroces, n'est-ce pas un
signe d'une singulière imperfection de notre
esprit que l'idée ne nous vienne pas de con-
tenir cette satisfaction dans des bornes dé-
centes, et que nous la manifestions par des
cris de joie, tels qu'en peuvent pousser les
sauvages à la vue des têtes scalpées de leurs
ennemis ?

Mais heureusement, à côté de ces constatations un peu attristantes, nous pouvons en faire d'autres d'un symptôme tout opposé. Quand les flottes de différentes nations se rendent mutuellement ces visites de politesse habituelles même entre puissances non alliées, est-ce que les populations ne s'éprennent pas d'enthousiasme, en voyant fraterniser ces hommes qui sont destinés, éventuellement, à « s'envoyer par le fond » !

Ne nous rappelons-nous pas l'accueil chaleureux fait en France à des capitaines de navires de commerce étrangers, et notamment allemands, qui avaient sauvé des équipages français, ou réciproquement en Allemagne à des capitaines français ; à des hommes qui bien que de diverses nationalités, s'étaient *empêchés* « d'aller par le fond. » ?

Ces contradictions sont la trame même de l'histoire de l'humanité. La conscience de l'humanité est faite de tendances bonnes et de tendances mauvaises, de beaucoup de barbarie atavique, héréditaire, et de beaucoup d'aspirations généreuses. C'est en elle une lutte incessante entre l'esprit du passé

et l'esprit de l'avenir, entre l'esprit de
Réaction et l'esprit de Progrès.

Le second triomphera ; il doit triompher
et mieux nous surveillerons en nous-mêmes
la lutte de près, plus il triomphera prompte-
ment, pour l'honneur et le bonheur du
genre humain. Surveillons-nous donc ; ne
laissons jamais s'éteindre en nous la lumière
de la Vérité future ; et puisqu'il s'agit de
la Paix, que l'on se groupe étroitement au-
tour des amis de la Paix, que tous les bons
citoyens aient à cœur d'apporter à leurs
sociétés l'appui moral de leur adhésion et
si possible l'appui matériel de leur obole,
qu'on leur donne les moyens de travailler à
la réalisation de l'Idéal commun. Le sort des
nations est entre leurs mains ; il ne s'agit
pour elles que de dire hautement et sans
relâche ce qu'elles veulent. Qu'on le dise
avec nous : **nous voulons la marche
vers la Paix,** *par les traités permanents
d'arbitrage obligatoire.*

HAVRE

IMPRIMERIE F. LE ROY

15, Rue Casimir-Périer